LAUDATE DEUM

PAPA FRANCISCO

EXORTAÇÃO APOSTÓLICA

LAUDATE DEUM

A TODAS AS PESSOAS DE BOA VONTADE
SOBRE A CRISE CLIMÁTICA

Título original: *Esortazione Apostolica Laudate Deum del Santo Padre Francesco a tutte le persone di buona volontà – sulla crisi climatica*

© 2023 Libreria Editrice Vaticana

1ª edição – 2023

Direção-geral: *Ágda França*
Editora responsável: *Vera Bombonatto*

Nenhuma parte desta obra poderá ser reproduzida ou transmitida por qualquer forma e/ou quaisquer meios (eletrônico ou mecânico, incluindo fotocópia e gravação) ou arquivada em qualquer sistema ou banco de dados sem permissão escrita da Editora. Direitos reservados.

Cadastre-se e receba nossas informações
www.paulinas.com.br
Telemarketing e SAC: 0800-7010081

Paulinas
Rua Dona Inácia Uchoa, 62
04110-020 – São Paulo – SP (Brasil)
📞 (11) 2125-3500
✉ editora@paulinas.com.br

© Pia Sociedade Filhas de São Paulo – São Paulo, 2023

LISTA DE SIGLAS

COP	Conferência das Partes
DFSA	Documento Final para o Sínodo da Amazônia
EG	*Evangelii Gaudium*
FT	*Fratelli Tutti*
IPCC	*Intergovernmental Panel on Climate Change* [Painel Intergovernamental para a Mudança de Clima]
LS	*Laudato Si'*
ONU	Organização das Nações Unidas
SCEAM	*Symposium of Episcopal Conferences of Africa and Madagascar* [Simpósio das Conferências Episcopais da África e Madagascar]
UNFCCC	Convenção-Quadro das Nações Unidas sobre a Mudança do Clima

1. "LOUVAI A DEUS por todas as suas criaturas": foi este o convite que São Francisco de Assis fez com a sua vida, os seus cânticos e os seus gestos. Retomou assim a proposta dos salmos da Bíblia e reproduziu a sensibilidade de Jesus para com as criaturas de seu Pai: "Aprendei dos lírios do campo, como crescem. Não trabalham nem fiam, e, no entanto, eu vos digo, nem Salomão, em toda a sua glória, jamais se vestiu como um só dentre eles" (Mt 6,28-29). "Não se vendem cinco pardais por duas moedinhas? No entanto, nenhum deles é esquecido diante de Deus" (Lc 12,6). Como deixar de admirar essa ternura de Jesus por todos os seres que nos acompanham no nosso caminho?

2. Já se passaram oito anos desde a publicação da carta encíclica *Laudato Si'*, quando quis partilhar com todos vós, irmãs e irmãos do nosso maltratado planeta, a minha profunda preocupação pelo cuidado com a nossa casa comum. Com o passar do tempo, entretanto, dou-me conta de que não estamos reagindo de modo satisfatório, pois este mundo que nos acolhe está desmoronando e talvez se aproximando de um ponto de ruptura. Independentemente dessa possibilidade, não há dúvida de que o impacto da mudança climática prejudicará cada vez mais a vida de muitas pessoas e famílias. Sentiremos os seus efeitos em termos de saúde, emprego, acesso aos recursos, habitação, migrações forçadas e em outros âmbitos.

3. Trata-se de um problema social global que está intimamente ligado à dignidade da vida humana. Os bispos dos Estados Unidos expressaram bem o sentido social da nossa preocupação com a mudança climática, que ultrapassa uma abordagem meramente ecológica, porque "o nosso cuidado pelo outro e o nosso cuidado com a terra estão intimamente ligados. As alterações climáticas são um dos principais desafios que a sociedade e a comunidade global têm de enfrentar. Os efeitos das alterações climáticas recaem sobre as pessoas mais vulneráveis, tanto nacional como mundialmente".[1] E o mesmo disseram, em poucas palavras, os bispos presentes no Sínodo para a Amazônia: "Os ataques à natureza têm consequências negativas na vida dos povos" (DFSA, n. 10).[2] E, para sublinhar que já não se trata de uma questão secundária ou ideológica, mas sim de um drama que traz danos para todos nós, os bispos africanos declararam que as alterações climáticas evidenciam "um exemplo trágico e marcante de pecado estrutural".[3]

---

[1] Conferência dos Bispos Católicos dos Estados Unidos, *Global Climate Change Background*.

[2] ASSEMBLEIA ESPECIAL DO SÍNODO DOS BISPOS, *Amazônia: novos caminhos para a Igreja e para uma ecologia integral – Documento Final*.

[3] SCEAM, *Diálogos sobre o clima africano – Comunicado*.

4. A reflexão e as informações que pudemos recolher destes últimos oito anos permitem-nos especificar e completar o que afirmamos há algum tempo. Por esse motivo e porque a situação tem se tornado ainda mais urgente, quis partilhar convosco estas páginas.

Capítulo I
A CRISE CLIMÁTICA GLOBAL

5. Por mais que se tente negá-los, escondê-los, dissimulá-los ou relativizá-los, os sinais da mudança climática se impõem a nós de forma cada vez mais evidente. Ninguém pode ignorar que, nos últimos anos, temos assistido a fenômenos extremos, a períodos frequentes de calor anormal, à seca e a outros gemidos da terra, os quais são apenas algumas expressões palpáveis de uma doença silenciosa que afeta a todos nós. É verdade que nem todas as catástrofes podem ser atribuídas à alteração climática global. Mas é possível verificar que certas mudanças climáticas, induzidas pelo homem, aumentam significativamente a probabilidade de fenômenos extremos mais frequentes e mais intensos. Isso porque, sempre que a temperatura global aumenta 0,5 grau centígrado, sabe-se que aumentam também a intensidade e a frequência de fortes temporais e inundações em algumas áreas; de graves secas em outras; de calor extremo em algumas regiões; e, ainda, de fortes nevascas em outras.[4] Se, no momento,

---

[4] Cf. IPCC, *Climate Change 2021: The Physical Science Basis – Summary for Policymakers*.

podemos ter ondas de calor algumas vezes no ano, o que aconteceria se a temperatura global aumentasse 1,5 grau centígrado, do que, aliás, estamos perto? Tais ondas de calor serão muito mais frequentes e intensas. Se se ultrapassarem os 2 graus, as calotas glaciares da Groenlândia e de grande parte da Antártida se derreterão completamente,[5] com consequências acentuadas e muito graves para todos.

Resistência e confusão

6. Nos últimos anos, não faltaram pessoas que procuraram minimizar essa observação. Elas citam dados supostamente científicos, como o fato de que o planeta sempre teve e continuará a ter períodos de resfriamento e de aquecimento. Essas pessoas ignoram, contudo, outro dado relevante: aquilo que agora estamos assistindo é a uma aceleração anormal do aquecimento, com uma velocidade tal que basta uma única geração – e não séculos ou milênios – para notarmos a diferença. A subida do nível do mar e o degelo das geleiras podem ser facilmente notados por uma pessoa no arco da sua vida e provavelmente, dentro de poucos anos, muitas populações terão de se deslocar de suas casas por causa desses fenômenos.

---

[5] Cf. *id.*, *Climate Change 2023: Synthesis Report – Summary for Policymakers*.

7. Para ridicularizar quem fala sobre aquecimento global, há quem recorra ao fato de que, frequentemente, verificam-se também frios extremos. Esquecem-se, porém, de que estes e outros sintomas extraordinários são apenas expressões variadas da mesma causa: o desequilíbrio global causado pelo aquecimento do planeta. Secas e alagamentos, redução do nível da água em lagos e populações eliminadas por maremotos ou inundações têm, fundamentalmente, a mesma origem. Aliás, se falamos de um fenômeno global, não podemos confundi-lo com eventos transitórios e mutáveis, que, em grande parte, explicam-se por fatores locais.

8. A falta de informações leva a relacionar erroneamente as grandes projeções climáticas, concernentes a longos períodos – as quais dizem respeito pelo menos a um período de dez anos –, com as previsões meteorológicas, que podem cobrir no máximo algumas semanas. Quando falamos de mudança climática, referimo-nos a uma realidade global – com variações locais constantes – que persiste por várias décadas.

9. Na tentativa de simplificar a realidade, não falta quem culpe os pobres por terem filhos demais, nem quem procure resolver o problema mutilando as mulheres de países menos desenvolvidos. A culpa, como de costume, parece recair sobre os pobres, mas a realidade é que uma reduzida parcela mais rica da população mundial polui mais do que os 50% mais pobres e que a emissão *per capita* dos países mais ricos é muitas vezes superior àquela dos países mais pobres.[6] Como ignorar que a África, lar de mais da metade das pessoas mais pobres do mundo, é responsável apenas por uma mínima parte das emissões no passado?

10. Diz-se frequentemente, também, que os esforços para mitigar as alterações climáticas, reduzindo o uso de combustíveis fósseis e desenvolvendo formas de energia mais limpas, levarão à diminuição dos postos de trabalho. Na verdade, o que está acontecendo é que milhões de pessoas perdem o emprego devido às diversas consequências da mudança climática: o aumento do nível do mar, as secas e muitos outros fenômenos que afetam o planeta e deixam muitas pessoas à deriva. Aliás, a transição para formas renováveis de energia, quando bem gerida, assim como os esforços para se adaptar aos danos das mudanças climáticas são capazes de gerar inúmeros postos de trabalho em diferentes setores. Portanto, é necessário que os políticos e os empresários se ocupem disso imediatamente.

---

[6] Cf. UNITED NATIONS ENVIRONMENT PROGRAM, *Emissions Gap Report 2022*.

As causas humanas

11. A origem humana – "antrópica" – da mudança climática já não pode ser posta em dúvida. Vejamos o porquê. A concentração na atmosfera dos gases de efeito estufa, que causam o aquecimento global, manteve-se estável até o século XIX: abaixo das 300 partes por milhão em volume; mas, em meados daquele mesmo século, em paralelo com o progresso industrial, as emissões começaram a aumentar. Nos últimos cinquenta anos, tal aumento sofreu uma forte aceleração, como atesta o observatório de Mauna Loa, que efetua, desde 1958, medições diárias do dióxido de carbono. Enquanto escrevia a *Laudato Si'*, atingiu-se a máxima histórica até então – 400 partes por milhão –, chegando, em junho de 2023, a 423 partes por milhão.[7] Considerando o total líquido das emissões desde 1850, mais de 42% delas ocorreram depois de 1990.[8]

12. Ao mesmo tempo, notamos que, nos últimos cinquenta anos, a temperatura aumentou a uma velocidade jamais vista, algo sem precedentes nos últimos dois mil anos. No referido período, a tendência foi um aquecimento de 0,15 grau centígrado por decênio, o dobro do

---

[7] Cf. NATIONAL OCEANIC AND ATMOSPHERIC ADMINISTRATION, *Carbon Cycle Greenhouse Gases – Trends in CO2*.

[8] Cf. IPCC, *op. cit.*, A.1.3.

registrado nos últimos 150 anos. De 1850 até hoje, a temperatura global aumentou 1,1 grau centígrado, fenômeno que se amplifica nas áreas polares. Nesse ritmo, é possível que, dentro de dez anos, tenhamos alcançado o limite máximo global de 1,5 grau centígrado.[9] O aumento não se verificou apenas na superfície terrestre, mas também a vários quilômetros de altura na atmosfera, na superfície dos oceanos e, até mesmo, a centenas de metros de profundidade. Isso aumentou igualmente a acidificação dos mares e reduziu os seus níveis de oxigênio. Além disso, as geleiras se retraem, a cobertura de neve diminui e o nível do mar aumenta constantemente.[10]

13. É impossível esconder a coincidência desses fenômenos climáticos globais com o crescimento acelerado das emissões de gases de efeito estufa, especialmente a partir de meados do século XX. A esmagadora maioria dos estudiosos do clima defende essa correlação, sendo mínima a porcentagem daqueles que tentam negar essa evidência. Infelizmente, a crise climática não é propriamente uma questão de interesse das grandes potências econômicas, que se preocupam em obter o maior lucro ao menor custo e no mais curto espaço de tempo possíveis.

---

[9] Cf. *ibid.*, B.5.3.

[10] Estes dados do IPCC estão baseados em cerca de 34 mil estudos. Cf. *ibid.*

14. Vejo-me obrigado a fazer essas especificações, que podem parecer óbvias, por causa de certas opiniões ridicularizantes e pouco racionais que encontro mesmo dentro da Igreja Católica. Não podemos continuar a duvidar de que a razão da insólita velocidade de mudanças tão perigosas esteja neste fato inegável: os enormes progressos conexos com a desenfreada intervenção humana sobre a natureza nos últimos dois séculos. Os elementos naturais típicos que provocam o aquecimento, como as erupções vulcânicas e outros, não são suficientes para explicar a porcentagem e a velocidade das alterações registradas nas últimas décadas.[11] A evolução das temperaturas médias da superfície não se sustenta sem que se considere a influência do aumento de gases de efeito estufa.

Danos e riscos

15. Já são irreversíveis, pelo menos durante centenas de anos, algumas manifestações dessa crise climática, como o aumento da temperatura global dos oceanos, a acidificação e a redução do oxigênio. As águas dos oceanos possuem uma inércia térmica, sendo necessários séculos para normalizar a temperatura e a salinidade, impactando a sobrevivência de muitas

---

[11] Cf. *ibid.*, A.1.2.

espécies. Esse é um sinal, entre muitos, do fato de que as outras criaturas deste mundo deixaram de ser nossas companheiras de viagem para se tornar nossas vítimas.

16. O mesmo pode ser dito sobre o processo que conduz à redução das geleiras continentais. O fenômeno do degelo dos polos não poderá ser revertido durante centenas de anos. Quanto ao clima, há fatores que perduram durante longo tempo, independentemente dos eventos que os desencadearam. Por esse motivo, já não podemos deter os danos enormes que causamos. Estamos a tempo, apenas, de evitar danos ainda mais dramáticos.

17. Alguns diagnósticos apocalíticos se apresentam, frequentemente, pouco racionais ou insuficientemente fundados. Isso não deveria nos levar a ignorar a real possibilidade de chegarmos a um momento crítico. Pequenas mudanças podem provocar alterações importantes, imprevistas e talvez já irreversíveis, devido a fatores inerciais, o que acabaria por desencadear uma série de eventos em cascata. Nesse caso, chega-se sempre muito tarde, porque nenhuma intervenção pode deter o processo já iniciado. Não se pode voltar atrás. Nas condições atuais, não podemos afirmar, com certeza, que isso acontecerá. Mas é seguramente uma possibilidade, se considerarmos os fenômenos já em curso que "afetam" o clima, como, por exemplo, a diminuição das calotas glaciares, as alterações nos fluxos oceânicos, o desmatamento das florestas pluviais tropicais, o degelo do *permafrost* na Rússia.[12]

18. Sendo assim, é urgente uma visão mais ampla, que nos permita não só admirar as maravilhas do progresso, mas também prestar atenção a outros efeitos que, provavelmente, há cem anos, nem sequer podiam ser imaginados. Tudo o que nos é pedido é certa responsabilidade pela herança que deixaremos atrás de nós depois da nossa passagem por este mundo.

19. Finalmente, podemos acrescentar que a pandemia Covid-19 veio confirmar a estreita relação da vida humana com a dos outros seres vivos e com o ambiente, mostrando de modo particular que aquilo que acontece em qualquer parte do mundo tem repercussões sobre todo o planeta. Isso me permite insistir sobre duas convicções que não me canso de reiterar: "tudo está interligado" e "ninguém se salva sozinho".

---

[12] Cf. *ibid.*

Capítulo II
O CRESCENTE PARADIGMA TECNOCRÁTICO

20. Na *Laudato Si'*, ofereci uma breve explicação do paradigma tecnocrático que está na base do processo atual de degradação ambiental. Trata-se de "um modo desordenado de conceber a vida e a ação do ser humano, que contradiz a realidade até ao ponto de a arruinar" (LS, n. 101). Consiste, substancialmente, em pensar "como se a realidade, o bem e a verdade desabrochassem espontaneamente do próprio poder da tecnologia e da economia" (LS, n. 105). Como consequência lógica, "passa-se facilmente à ideia de um crescimento infinito ou ilimitado, que tanto entusiasmou os economistas, os teóricos da economia e da tecnologia" (LS, n. 106).

21. Nos últimos anos, pudemos confirmar esse diagnóstico, assistindo simultaneamente a um novo avanço de tal paradigma. A inteligência artificial e os recentes progressos tecnológicos se baseiam na ideia de um ser humano sem limites, cujas capacidades e possibilidades poderiam ser alargadas ao infinito graças à tecnologia. Assim, o paradigma tecnocrático se retroalimenta monstruosamente.

22. Os recursos naturais necessários para a tecnologia, como o lítio, o silício e tantos outros certamente não são ilimitados, mas o problema maior é a ideologia que está baseada em uma obsessão: aumentar, para além de toda a imaginação, o poder do homem, para o qual a realidade não humana é um mero recurso ao seu serviço. Tudo o que existe deixa de ser uma dádiva que deve ser apreciada, valorizada e cuidada, para se tornar um escravo, uma vítima de todo e qualquer capricho da mente humana e das suas capacidades.

23. Faz arrepiar quando nos damos conta de que as capacidades ampliadas da tecnologia proporcionam "àqueles que detêm o conhecimento e sobretudo o poder econômico para o desfrutar, um domínio impressionante sobre o conjunto do gênero humano e do mundo inteiro. Nunca a humanidade teve tanto poder sobre si mesma, e nada garante que o utilizará bem, sobretudo se se considera a maneira como o está fazendo [...]. Nas mãos de quem está e pode chegar a estar tanto poder? É tremendamente arriscado que resida em uma pequena parte da humanidade" (LS, n. 104).

Repensar a nossa utilização do poder

24. Nem todo aumento de poder é um progresso para a humanidade. Basta pensar nas tecnologias "maravilhosas" que foram utilizadas para dizimar populações, lançar bombas atômicas, aniquilar grupos étnicos. Houve momentos na história em que a admiração pelo progresso não nos permitiu ver o horror dos seus efeitos. Contudo, esse risco está sempre presente, porque "o imenso crescimento tecnológico não foi acompanhado por um desenvolvimento do ser humano quanto à responsabilidade, aos valores, à consciência [...], ele está nu e exposto ante seu próprio poder, que continua a crescer, sem ter os instrumentos para o controlar. Talvez disponha de mecanismos superficiais, mas podemos afirmar que carece de uma ética sólida, uma cultura e uma espiritualidade que lhe ponham realmente um limite e o contenham dentro de um lúcido domínio de si" (LS, n. 105). Não é de estranhar que um poder tão grande em tais mãos seja capaz de destruir a vida, já que a matriz de pensamento própria do paradigma tecnocrático nos cega, impedindo-nos de ver o gravíssimo problema da humanidade atual.

25. Contrariamente a esse paradigma tecnocrático, afirmamos que o mundo que nos rodeia não é um objeto de exploração, utilização desenfreada, ambição sem limites. Nem sequer podemos considerar a natureza como uma mera "moldura", na qual desenvolvemos a nossa vida e os nossos projetos, porque "estamos incluídos nela, somos parte dela e compenetramo-nos" (LS, n. 139), de tal modo que contemplamos "o mundo, não como alguém que está fora dele, mas dentro" (LS, n. 220).

26. Por isso mesmo se exclui a ideia de que o ser humano seja um estranho, um fator externo capaz, apenas, de danificar o ambiente. Pelo contrário, deve ser considerado como parte da natureza. A vida, a inteligência e a liberdade humanas estão inseridas na natureza que enriquece o nosso planeta, fazem parte das suas forças internas e do seu equilíbrio.

27. Por conseguinte, um ambiente saudável é também produto da interação humana com o meio ambiente, como sucede nas culturas indígenas e aconteceu durante séculos em várias regiões da terra. Muitas vezes os grupos humanos "criaram" o meio ambiente,[13] remodelando-o de algum modo, sem o destruir nem o pôr em perigo. O grande problema atual é que o paradigma tecnocrático destruiu tal relação saudável e harmoniosa. A indispensável superação desse paradigma tão nocivo e destruidor, contudo, não se encontra em uma negação do ser humano, mas passa pela interação dos sistemas naturais "com os sistemas sociais" (LS, n. 119).

28. Todos nós devemos repensar a questão do poder humano, o seu significado e os seus limites.

---

[13] Cf. SÖRLIN, S.; WARDE, P., *Making the Environment Historical: An Introduction*.

Com efeito, o nosso poder aumentou freneticamente em poucas décadas. Realizamos progressos tecnológicos impressionantes e surpreendentes, sem nos darmos conta, ao mesmo tempo, de que nos tornamos altamente perigosos, capazes de pôr em risco a vida de muitos seres e a nossa própria sobrevivência. Pode-se repetir hoje, com a ironia de Soloviev: "Um século tão avançado que teve a sorte de ser o último".[14] É preciso lucidez e honestidade para reconhecer a tempo que o nosso poder e o progresso que geramos estão se virando contra nós mesmos.[15]

O aguilhão ético

29. A decadência ética do poder real é disfarçada pelo *marketing* e pela informação falsa, mecanismos úteis nas mãos de quem detém maiores recursos para influenciar a opinião pública através deles. Com a ajuda desses mecanismos, quando se pretende iniciar um projeto com forte impacto ambiental e elevados efeitos poluidores, iludem-se os habitantes da região falando do progresso local que poderá ser gerado ou das oportunidades econômicas, ocupacionais e de promoção humana

---

[14] SOLOVIEV, V., *Os três diálogos e o relato do Anticristo*.

[15] Cf. PAULO VI, *Visita à sede da FAO por ocasião do XXV aniversário da Instituição*.

que isso trará a seus filhos. Na realidade, porém, falta um verdadeiro interesse pelo futuro dessas pessoas, porque não lhes é dito claramente que, na sequência de tal projeto, terão uma terra devastada, condições muito mais desfavoráveis para viver e prosperar, uma região desolada, menos habitável, sem vida e sem a alegria da convivência e da esperança, para além do dano global, que acaba prejudicando outras pessoas.

30. Basta pensar no efêmero entusiasmo pelo dinheiro recebido em troca do depósito de resíduos tóxicos em algum local. A casa adquirida com aquele dinheiro se transformou em um túmulo por causa das doenças que se desencadearam. E não falo impelido por uma imaginação desenfreada, mas por algo que vivemos. Poder-se-ia dizer que este é um exemplo extremo, mas não é possível falar de danos "menores", porque foi precisamente a soma de muitos danos considerados toleráveis que acabou nos levando à situação em que nos encontramos agora.

31. Tal situação não tem a ver apenas com a física ou com a biologia, mas também com a economia e com o nosso modo de a conceber. A lógica do máximo lucro ao menor custo, disfarçada de racionalidade, progresso e promessas ilusórias, torna impossível qualquer preocupação sincera com a Casa Comum e qualquer cuidado pela promoção dos descartados da sociedade.

Nos últimos anos, pudemos notar como às vezes os próprios pobres, confundidos e encantados perante as promessas de tantos falsos profetas, caem no engano de um mundo que não é construído para eles.

32. Incrementam-se ideias erradas sobre a chamada "meritocracia", que se tornou um "merecido" poder humano ao qual tudo deve ser submetido, um domínio daqueles que nasceram com melhores condições de progresso. Outra coisa é a sadia abordagem do valor do compromisso, do desenvolvimento das próprias capacidades e de um louvável espírito de iniciativa; porém, se não houver uma busca real pela igualdade de oportunidades, a meritocracia facilmente se transforma em uma barreira que consolida ainda mais os privilégios de poucos com maior poder. Nesta lógica perversa, que lhes importaria os danos à Casa Comum, se se sentem seguros sob a suposta armadura dos recursos econômicos que obtiveram com as suas capacidades e esforços?

33. Na própria consciência e pensando nos filhos que pagarão pelos danos das suas ações, coloca-se a questão do sentido: qual é o sentido da minha vida? Qual é o sentido da minha passagem por esta terra? Qual é, em última análise, o sentido do meu trabalho e do meu compromisso?

Capítulo III
A FRAGILIDADE DA POLÍTICA INTERNACIONAL

34. Enquanto a "história dá sinais de regressão [...], cada geração deve tornar suas as lutas e as conquistas das gerações anteriores e levá-las a metas ainda mais altas. É o caminho. O bem, como, aliás, o amor, a justiça e a solidariedade não se alcançam de uma vez por todas; hão de ser conquistados cada dia" (FT, n. 11). Para se obter um progresso sólido e duradouro, quero insistir que "é preciso favorecer os acordos multilaterais entre os Estados" (FT, n. 174).

35. Não é conveniente confundir o multilateralismo com uma autoridade mundial concentrada em uma só pessoa ou em uma elite com excessivo poder. "Quando se fala de uma possível forma de autoridade mundial regulada pelo direito, não se deve necessariamente pensar em uma autoridade pessoal" (FT, n. 172). Falamos sobretudo de "organizações mundiais mais eficazes, dotadas de autoridade para assegurar o bem comum mundial, a erradicação da fome e da miséria e a justa defesa dos direitos humanos fundamentais"

(FT, n. 172). O importante é estarem dotadas de uma real autoridade que possa "assegurar" a realização de alguns objetivos irrenunciáveis. Desse modo, dar-se-ia vida a um multilateralismo que não depende das circunstâncias políticas instáveis ou dos interesses de poucos, mas que garanta uma eficácia estável.

36. É lamentável que as crises globais sejam desperdiçadas, quando poderiam ser ocasião para introduzir mudanças salutares (cf. FT, n. 170). Assim sucedeu na crise financeira de 2007-2008 e voltou a acontecer na crise pandêmica da Covid-19. De fato, "parece que as reais estratégias, posteriormente desenvolvidas no mundo, se têm orientado para maior individualismo, menor integração, maior liberdade para os que são verdadeiramente poderosos e sempre encontram maneira de escapar ilesos" (FT, n. 170).

Redesenhar o multilateralismo

37. Mais do que salvar o velho multilateralismo, parece que o desafio hoje é redesenhá-lo e recriá-lo à luz da nova situação global. Convido-vos a reconhecer que "muitos grupos e organizações da sociedade civil ajudam a compensar as debilidades da Comunidade Internacional, a sua falta de coordenação em situações complexas, a sua carência de atenção relativamente a direitos humanos fundamentais" (FT, n. 175). A

propósito, a Convenção de Ottawa sobre a Proibição do Uso, Armazenamento, Produção e Transferência de Minas Antipessoais é um exemplo que demonstra como a sociedade civil e as suas organizações são capazes de criar dinâmicas eficazes que a ONU não consegue. Assim, o *princípio de subsidiariedade* se aplica também à relação global-local.

38. A médio prazo, a globalização propicia intercâmbios culturais espontâneos, maior conhecimento mútuo e modalidades de integração dos povos, que levarão a um multilateralismo "a partir de baixo" e não meramente decidido pelas elites do poder. As demandas que emergem a partir de baixo em todo o mundo, em que pessoas comprometidas dos mais diversos países se ajudam e se sustentam mutuamente, podem acabar fazendo pressão sobre os fatores de poder. Espera-se que isso possa acontecer no que diz respeito à crise climática. Por isso, reafirmo que, "se os cidadãos não controlam o poder político – nacional, regional e municipal –, também não é possível combater os danos ambientais" (LS, n. 179).

39. A cultura pós-moderna gerou uma nova sensibilidade para com os mais frágeis e menos dotados de poder. Isso se relaciona com a minha insistência, na Carta Encíclica *Fratelli Tutti*, sobre o primado da pessoa humana e a defesa da sua dignidade, independentemente das circunstâncias. É outra forma de convidar ao multilateralismo para se resolverem os verdadeiros problemas da humanidade, procurando sobretudo o respeito pela dignidade das pessoas, de tal modo que a ética prevaleça sobre os interesses locais ou contingentes.

40. Não se trata de substituir a política. As potências emergentes estão se tornando cada vez mais relevantes e são realmente capazes de obter resultados significativos na resolução de problemas concretos, como algumas delas demonstraram na pandemia. O próprio fato de as respostas aos problemas poderem vir de qualquer país, por menor que seja, leva a reconhecer o multilateralismo como um caminho inevitável.

41. A velha diplomacia – igualmente em crise – continua a demonstrar a sua importância e necessidade. Ela ainda não conseguiu gerar um modelo de diplomacia multilateral que responda à nova configuração do mundo, mas, se for capaz de se reformular, deverá ser parte da solução, pois a própria experiência de séculos não pode ser descartada.

42. O mundo está se tornando tão multipolar e, simultaneamente, tão complexo que é necessário um quadro diferente para uma cooperação eficaz. Não basta pensar nos equilíbrios de poder, é necessário também responder aos novos desafios e reagir com mecanismos globais aos desafios ambientais, sanitários, culturais e sociais, sobretudo para consolidar o respeito aos direitos humanos mais fundamentais, dos direitos sociais e do cuidado da Casa Comum. Trata-se de estabelecer regras universais e eficazes para garantir essa proteção mundial.

43. Tudo isso pressupõe que se adote um novo procedimento para a tomada de decisões e a sua legitimação, porque aquele estabelecido há várias décadas já não é suficiente e tampouco parece ser eficaz. Nesse contexto, são necessários espaços de diálogo, consulta, arbitragem, resolução dos conflitos, supervisão e, em resumo, uma espécie de maior "democratização" na esfera global, para expressar e incluir as diversas situações. Deixará de ser útil apoiar instituições que preservem os direitos dos mais fortes sem cuidar dos direitos de todos.

Capítulo IV

AS CONFERÊNCIAS SOBRE O CLIMA: AVANÇOS E RETROCESSOS

44. Há décadas que os representantes dos mais de 190 países se reúnem periodicamente para enfrentar a questão climática. A Conferência do Rio de Janeiro de 1992 levou à adoção da Convenção-Quadro das Nações Unidas sobre a Mudança do Clima (UNFCCC), um tratado que entrou em vigor quando se obtiveram as necessárias ratificações por parte dos países signatários, em 1994. Esses Estados se reúnem anualmente na Conferência das Partes (COP), o mais alto organismo de decisão. Algumas não obtiveram sucesso, como a de Copenhague (2009), enquanto outras permitiram dar passos importantes, como a COP-3 de Quioto (1997). Foi o seu valioso Protocolo que fixou como objetivo a redução das emissões de gases do efeito estufa, na sua totalidade, em 5% relativamente a 1990. A data-limite era 2012, mas evidentemente não foi cumprida.

45. Além disso, em Quioto, todas as partes se comprometeram a implementar programas de adaptação para reduzir os efeitos da alteração climática já em curso. Previram-se ainda ajudas para cobrir os custos dessas medidas nos países em vias de desenvolvimento. O Protocolo entrou em vigor no ano de 2005.

46. Posteriormente, foi proposto um mecanismo relativo às perdas e aos danos causados pelas alterações climáticas, que reconhece os países mais ricos como os principais responsáveis e procura compensar os efeitos devastadores nos países mais vulneráveis. Já não se trata de financiar a "adaptação" desses países, mas de compensá-los pelos danos já sofridos. Tal questão foi objeto de importantes debates em várias COP.

47. A COP-21 de Paris (2015) constituiu outro momento significativo, pois produziu um acordo que envolveu a todos. Pode ser visto como um novo início, tendo em conta o fracasso dos objetivos estabelecidos na fase anterior. O acordo entrou em vigor no dia 4 de novembro de 2016. Embora seja vinculante, nem todos os requisitos constituem verdadeiras obrigações em sentido estrito e alguns deles deixam margem a uma ampla discricionariedade. Aliás, mesmo para as obrigações não respeitadas, não se preveem verdadeiras sanções nem existem instrumentos eficazes para garantir a sua observância. Além disso, o acordo prevê formas mais flexíveis para os países em vias de desenvolvimento.

48. O Acordo de Paris apresenta um objetivo importante a longo prazo: manter o aumento das temperaturas médias globais abaixo dos 2 graus centígrados, relativamente aos níveis pré-industriais, apostando em todo caso a ficar abaixo de 1,5 grau. Trabalha-se ainda na consolidação de procedimentos concretos de monitoramento e no fornecimento de critérios gerais para comparar os objetivos dos diferentes países. Isso torna difícil uma avaliação mais objetiva (quantitativa) dos resultados efetivos.

49. Depois de algumas Conferências com escassos resultados e a frustração da COP-25 de Madri (2019), esperava-se reverter tal inércia na COP-26 de Glasgow (2021). Substancialmente, o seu resultado foi o relançamento do Acordo de Paris, que fora posto em discussão pelos vínculos e os efeitos da pandemia. Além disso, houve uma abundância de "exortações", das quais era difícil esperar um impacto real. As propostas tendentes a garantir uma transição rápida e eficaz para formas de energia alternativa e menos poluente não conseguiram fazer progressos.

50. A COP-27 de Sharm El-Sheikh (2022) viu-se ameaçada desde o início pela situação criada com a invasão da Ucrânia, que causou uma grave crise econômica e energética. A utilização do carvão aumentou e todos quiseram garantir o seu abastecimento. Os países em vias de desenvolvimento consideraram o acesso à energia e as oportunidades de progresso como uma prioridade urgente. Reconheceu-se claramente que, de fato, os combustíveis fósseis fornecem ainda 80% da energia mundial e a sua utilização continua a aumentar.

51. A Conferência egípcia foi mais um exemplo da dificuldade das negociações. Poder-se-ia dizer que, pelo menos, produziu um avanço na consolidação do sistema de financiamento pelas "perdas e danos" nos países mais afetados pelas catástrofes climáticas, o que parecia dar nova voz e maior participação aos países em vias de desenvolvimento. Todavia, também nessa questão ficaram imprecisos muitos pontos, sobretudo quanto à responsabilidade concreta dos países que devem contribuir.

52. Hoje podemos ainda afirmar que "os acordos tiveram um baixo nível de implementação, porque não se estabeleceram adequados mecanismos de controle, revisão periódica e sanção das violações. Os princípios enunciados continuam a requerer caminhos eficazes e ágeis de realização prática" (LS, n. 167). E também que "as negociações internacionais não podem avançar significativamente por causa das posições dos países que privilegiam os seus interesses nacionais sobre o bem comum global. Aqueles que hão de sofrer as consequências, que tentamos dissimular, recordarão essa falta de consciência e de responsabilidade" (LS, n. 169).

Capítulo V

O QUE SE ESPERA
DA COP-28 EM DUBAI?

53. Os Emirados Árabes Unidos sediarão a próxima Conferência das Partes (COP-28). É um país do Golfo Pérsico que se destaca como grande exportador de energia fóssil, embora tenha investido muito nas energias renováveis. Entretanto, as companhias de petróleo e de gás têm a ambição de realizar novos projetos para expandir ainda mais a sua produção. Adotar uma atitude de renúncia a respeito da COP-28 seria autolesivo, porque significaria expor toda a humanidade, especialmente os mais pobres, aos piores impactos da mudança climática.

54. Se temos confiança na capacidade de o ser humano transcender os seus pequenos interesses e pensar grande, não podemos renunciar ao sonho de que a COP-28 leve a uma decidida aceleração da transição energética, com compromissos eficazes que possam ser monitorados de forma permanente. Essa Conferência pode ser um marco, comprovando que era sério e útil tudo o que se realizou desde 1992; caso contrário, será uma grande desilusão e colocará em risco tudo que se pôde alcançar de bom até aqui.

55. Não obstante as numerosas negociações e acordos, as emissões globais continuaram a aumentar. Pode-se argumentar, é verdade, que sem tais acordos teriam aumentado ainda mais. Sobre outras questões ambientais, quando houve vontade, foram alcançados resultados muito significativos, como no caso da proteção da camada de ozônio. Já quanto à necessária transição para energias limpas, como a eólica, a solar e outras, abandonando os combustíveis fósseis, não se avança de forma suficientemente rápida e, por conseguinte, o que está sendo feito corre o risco de ser interpretado como simples passatempo.

56. Devemos superar a lógica de nos apresentarmos sensíveis ao problema e, ao mesmo tempo, não termos a coragem de efetuar mudanças substanciais. Sabemos que, nessa velocidade, dentro de poucos anos, teremos ultrapassado o limite máximo desejável de 1,5 grau centígrado e poderemos, em breve, atingir os 3 graus, com o risco elevado de chegarmos a um ponto crítico. Ainda que não se atingisse esse ponto de não retorno, os efeitos seriam desastrosos, sendo necessário tomar medidas apressadas, com custos enormes e sequelas econômicas e sociais extremamente graves e intoleráveis. Se as medidas que agora adotamos têm custos, estes se tornarão tanto mais pesados quanto mais esperarmos.

57. Considero essencial insistir no fato de que, "buscar apenas um remédio técnico para cada problema ambiental que aparece, é isolar coisas que, na realidade, estão interligadas e esconder os problemas verdadeiros e mais profundos do sistema mundial" (LS, n. 111). É verdade que são necessários esforços de adaptação ante males irreversíveis a curto prazo e são positivas algumas intervenções e progressos tecnológicos para absorver ou capturar os gases emitidos, mas corremos o risco de ficar bloqueados na lógica do consertar, remendar, retocar a situação, enquanto no fundo avança um processo de deterioração que continuamos a alimentar. Supor que qualquer problema futuro possa ser resolvido com novas intervenções técnicas é um pragmatismo homicida, fadado a um efeito em cascata.

58. De uma vez por todas, acabemos com a atitude irresponsável que apresenta essa questão apenas como ambiental, "verde", romântica, muitas vezes ridicularizada por interesses econômicos. Admitamos, finalmente, que se trata de um problema humano e social em sentido amplo e em diversos âmbitos. Por isso, requer-se o envolvimento de todos. Por ocasião das Conferências sobre o Clima, chamam frequentemente a atenção as ações de grupos ditos "radicais"; porém, na realidade, eles preenchem um vazio da sociedade inteira, que deveria exercer uma sã pressão, pois cabe a cada família pensar que está em jogo o futuro dos seus filhos.

59. Se há sincero interesse em fazer com que a COP-28 seja histórica, que nos honre e enobreça enquanto seres humanos, então só podemos esperar por fórmulas vinculantes de transição energética que possuam três caraterísticas: eficientes, vinculantes e facilmente monitoráveis, a fim de se iniciar um novo processo que seja drástico, intenso, e que se possa contar com o empenho de todos. Isso não aconteceu no caminho percorrido até agora, mas somente com um processo como esse é possível restaurar a credibilidade da política internacional, pois apenas dessa forma concreta será possível reduzir significativamente o dióxido de carbono e evitar a tempo males piores.

60. Oxalá que, intervindo na COP-28, estejam estrategistas capazes de pensar mais no bem comum e no futuro dos seus filhos, do que nos interesses contingentes de algum país ou empresa! Que possam assim mostrar a nobreza da política, e não a sua vergonha! Aos poderosos, atrevo-me a repetir esta pergunta: "Para que se quer preservar hoje um poder que será recordado pela sua incapacidade de intervir quando era urgente e necessário fazê-lo?" (LS, n. 57).

Capítulo VI

AS MOTIVAÇÕES ESPIRITUAIS

61. Aos fiéis católicos, não quero deixar de lhes recordar as motivações que brotam da sua fé. Encorajo os irmãos e irmãs de outras religiões a fazerem o mesmo, porque sabemos que a fé autêntica não só dá força ao coração humano, mas também transforma a vida inteira, transfigura os objetivos pessoais, ilumina a relação com os outros e os laços com toda a criação.

À luz da fé

62. A Bíblia conta que "Deus viu tudo quanto havia feito, e era muito bom" (Gn 1,31). Dele é "a terra e tudo o que nela há" (Dt 10,14). Por isso, diz-nos ele: "A terra não será vendida definitivamente, porque a terra é minha, e vós sois moradores migrantes junto de mim" (Lv 25,23). Assim, "esta responsabilidade perante uma terra que é de Deus implica que o ser humano, dotado de inteligência, respeite as leis da natureza e os delicados equilíbrios entre os seres deste mundo" (LS, n. 68).

63. Por outro lado, "o conjunto do universo, com as suas múltiplas relações, mostra melhor a riqueza inesgotável de Deus", e, por conseguinte, para ser sábios, "precisamos individuar a variedade das coisas nas suas múltiplas relações" (LS, n. 86). Nesse caminho de sabedoria, não aparece irrelevante aos nossos olhos o fato de tantas espécies estarem desaparecendo e a crise climática estar colocando em risco a vida de tantos seres.

64. Jesus "podia convidar os outros a estar atentos à beleza que existe no mundo, porque ele próprio vivia em contato permanente com a natureza e prestava-lhe uma atenção cheia de carinho e admiração. Quando percorria os quatro cantos da sua terra, detinha-se a contemplar a beleza semeada por seu Pai e convidava os discípulos a perceberem, nas coisas, uma mensagem divina" (LS, n. 97).

65. Ao mesmo tempo, "as criaturas deste mundo já não nos aparecem como uma realidade meramente natural, porque o Ressuscitado as envolve misteriosamente e guia para um destino de plenitude. As próprias flores do campo e as aves que ele, admirado, contemplou com os seus olhos humanos, agora estão cheias da sua presença luminosa" (LS, n. 100). "O Universo se desenvolve em Deus, que o preenche completamente. E, portanto, há um mistério a contemplar numa folha, numa vereda, no orvalho, no rosto do pobre" (LS, n. 233). O mundo canta um Amor infinito, como não cuidar dele?

Caminhar em comunhão e com responsabilidade

66. Deus nos uniu a todas as suas criaturas. Contudo, o paradigma tecnocrático pode nos isolar daquilo que nos rodeia. Engana-nos, fazendo-nos esquecer de que o mundo inteiro é uma "zona de contato".[16]

67. A cosmovisão judaico-cristã defende o valor peculiar e central do ser humano no meio do maravilhoso concerto de todos os seres, mas hoje somos obrigados a reconhecer que só é possível defender um "antropocentrismo situado", ou seja, reconhecer que a vida humana não pode ser compreendida nem sustentada sem as outras criaturas. De fato, "nós e todos os seres do Universo, sendo criados pelo mesmo Pai, estamos unidos por laços invisíveis e formamos uma espécie de família universal, uma comunhão sublime que nos impele a um respeito sagrado, amoroso e humilde" (LS, n. 89).

68. Isso não é um produto da nossa vontade, mas tem outra origem que se encontra na raiz do nosso ser, pois "Deus uniu-nos tão estreitamente ao mundo que nos rodeia que a desertificação do solo é como uma doença para cada um, e podemos lamentar a extinção de uma espécie como se fosse uma mutilação" (EG, n. 215).

---

[16] Cf. HARAWAY, D., *Quando as espécies se encontram*.

Assim, acabamos com a ideia de um ser humano autônomo, onipotente e ilimitado, e repensamos a nós mesmos, a fim de nos compreendermos de maneira mais humilde e mais rica.

69. Convido cada um a acompanhar esse percurso de reconciliação com o mundo que nos abriga e a enriquecê-lo com o próprio contributo, pois o nosso empenho tem a ver com a dignidade pessoal e com os grandes valores. Entretanto, não posso negar que é necessário sermos sinceros e reconhecermos que as soluções mais eficazes não virão só dos esforços individuais, mas, sobretudo, das grandes decisões da política nacional e internacional.

70. Apesar disso, tudo contribui para o conjunto, e evitar o aumento de um décimo de grau na temperatura global já poderia ser suficiente para poupar sofrimentos a muitas pessoas. O que realmente importa é algo menos quantitativo: recordar-se de que não há mudanças duradouras sem mudanças culturais, sem uma maturação do modo de viver e das convicções da sociedade; não há mudanças culturais sem mudança nas pessoas.

71. Os esforços das famílias para poluir menos, reduzir os esbanjamentos, consumir de forma sensata estão criando uma nova cultura. O simples fato de mudar os hábitos pessoais, familiares e comunitários alimenta a preocupação com as responsabilidades não cumpridas pelos setores políticos e a indignação contra o desinteresse dos poderosos. Note-se, então, que, mesmo se isso não produzir imediatamente um efeito muito relevante do ponto de vista quantitativo, contribui para realizar grandes processos de transformação, que agem a partir do nível profundo da sociedade.

72. Se considerarmos que as emissões *per capita* nos Estados Unidos são cerca do dobro das de um habitante da China e cerca de sete vezes superiores à média dos países mais pobres,[17] podemos afirmar que uma mudança generalizada do estilo de vida irresponsável ligado ao modelo ocidental teria um impacto significativo a longo prazo. Assim, juntamente com as indispensáveis decisões políticas, estaríamos no caminho do cuidado mútuo.

73. *Laudate Deum* é o título desta Carta, porque um ser humano que pretende tomar o lugar de Deus torna-se o pior perigo para si mesmo.

Dado em Roma, São João de Latrão, no dia 4 de outubro – Festa de São Francisco de Assis – do ano 2023, décimo primeiro do meu pontificado.

Franciscus

---

[17] Cf. UNITED NATIONS ENVIRONMENT PROGRAM, *op. cit.*

REFERÊNCIAS BIBLIOGRÁFICAS

ASSEMBLEIA ESPECIAL DO SÍNODO DOS BISPOS. *Amazônia*: novos caminhos para a Igreja e para uma ecologia integral – *Instrumentum Laboris* (Documentos da Igreja, 52). São Paulo: Paulinas, 2019.

CONFERÊNCIA DOS BISPOS CATÓLICOS DOS ESTADOS UNIDOS. *Global Climate Change Background*, 2019.

FRANCISCO. *Carta Encíclica Fratelli Tutti*: sobre a fraternidade e a amizade social. (A Voz do Papa, 210). São Paulo: Paulinas, 2020.

_____. *Carta Encíclica Laudato Si'*: sobre o cuidado da Casa Comum. (A Voz do Papa, 201). São Paulo: Paulinas, 2015.

_____. *Exortação Apostólica Evangelii Gaudium*: a alegria do Evangelho sobre o anúncio do Evangelho no mundo atual. (A Voz do Papa, 198). São Paulo: Paulinas, 2013.

HARAWAY, Donna. *Quando as espécies se encontram*. São Paulo: Ubu, 2022.

IPCC. *Climate Change 2021*: The Physical Science Basis – Summary for Policymakers. Cambridge/Nova York, 2021, B.2.2. Disponível em: https://edicoescnbb.info/46pGmDq. Acesso em: 02 out. 2023.

_____. *Climate Change 2023*: Synthesis Report – Summary for Policymakers. Cambridge/Nova York, 2023, B.3.2. Disponível em: https://edicoescnbb.info/3F5a1Ws. Acesso em: 02 out. 2023.

NATIONAL OCEANIC AND ATMOSPHERIC ADMINISTRATION. *Carbon Cycle Greenhouse Gases – Trends in CO2*. (Global Monitoring Laboratory). Disponível em: https://edicoescnbb.info/3tiJO4o. Acesso em: 02 out. 2023.

OLOVIEV, Vladimir. *Os três diálogos e o relato do Anticristo*. Campinas: Ecclesiae, 2021.

PAULO VI. *Visita à sede da FAO por ocasião do XXV Aniversário da Instituição*. (Discursos). Roma, 16 de novembro de 1970.

SCEAM. Diálogos sobre o Clima Africano: comunicado. *CIDSE*. Nairobi, 17 out. 2022, Prefácio. Disponível em: https://edicoescnbb.info/46d9mOS. Acesso em: 02 out. 2023.

SÖRLIN, Sverker; WARDE, Paul. Making the Environment Historical: An Introduction. 2009. In: SÖRLIN, Sverker; WARDE, Paul. *Nature's End*: History and the Environment. New York, 2009. p. 1-23.

UNITED NATIONS ENVIRONMENT PROGRAM. The Emissions Gap Report 2022. *UNEP*. 27 out. 2022. Disponível em: https://edicoescnbb.info/3ryPSoS. Acesso em: 02 out. 2023.

SUMÁRIO

Lista de siglas 5

Capítulo I. A crise climática global 11

Capítulo II. O crescente paradigma tecnocrático 21

Capítulo III. A fragilidade da política internacional 29

Capítulo IV. As conferências sobre o clima:
avanços e retrocessos 35

Capítulo V. O que se espera da COP-28 em Dubai? 41

Capítulo VI. As motivações espirituais 45

Referências bibliográficas 51

Rua Dona Inácia Uchoa, 62
04110-020 – São Paulo – SP (Brasil)
Tel.: (11) 2125-3500
http://www.paulinas.com.br – editora@paulinas.com.br
Telemarketing e SAC: 0800-7010081